6
MINUTOS MATINAIS
TONIFICAÇÃO

6 MINUTOS MATINAIS
TONIFICAÇÃO

FAYE ROWE

babel

Primeira impressão em 2011

Babel
Av. das Nações Unidas, 11.541
14º andar
São Paulo/SP - Brasil

ISBN: 978-85-64548-30-5

Impresso na China

Criação e produção: Ivy Contract
Fotografia: Ian Parsons
Modelo: Samantha Fuery
Tradução: Rodrigo Oliveira
Produção: D'Angola Editorial

As orientações expressas pela autora neste livro se tratam apenas de orientações gerais, portanto, recomenda-se aos leitores que consultem um especialista qualificado na área para aconselhamento individual em situações específicas. A Parragon não se responsabiliza legalmente por qualquer consequência do uso deste livro, incluindo erros, perdas, danos ou gastos (diretos ou indiretos) sofridos por uma terceira parte e devida qualquer informação contida neste livro.

A Ivy Contract gostaria de agradecer à Jupiterimages Corporation pela permissão de reproduzir material com direitos autorais nas páginas 7 e 9.

Advertência
Por favor, consulte o médico/terapeuta antes de fazer estes exercícios, sobretudo se você tiver algum machucado, estiver grávida ou tenha passado por trabalho de parto há pouco tempo. Recomenda-se que mães recentes esperem no mínimo seis semanas após o parto (ou 12 semanas no caso de parto cesariana) para se exercitar. Caso sinta alguma dor ou desconforto durante os exercícios, pare imediatamente e procure orientação médica.

Este livro possui ficha catalográfica, que está disponível nos arquivos do departamento de catalogação da CBL e na editora.

SUMÁRIO

INTRODUÇÃO

Arranjar tempo para se exercitar pela manhã é um ótimo jeito de começar o dia. Os exercícios de tonificação deste livro não só dão mais pique como aceleram o metabolismo, fazendo com que você queime mais calorias. Além disso, uma dose saudável de exercício sacode a poeira de um sistema circulatório preguiçoso e deixa a pele linda.

Tonifique-se em 2 Semanas

Cada um dos exercícios deste livro foi escolhido especificamente para dar resultado máximo. Então, mesmo que seja difícil encontrar tempo nas suas manhãs, fazendo um esforço para reservar seis minutos todos os dias, você perceberá que pode conseguir resultados visíveis em duas semanas. A melhor parte deste livro é que ele é para todos, até iniciantes. Mesmo que você nunca tenha colocado os pés numa academia, vai achar os exercícios fáceis de entender e divertidos de fazer.

Vida saudável

Ao fim das duas semanas, você perceberá as roupas começando a ficar mais largas e os músculos mais definidos. Algumas pessoas precisam de mais tempo para responder ao exercício por vários motivos, como a própria constituição.

Além deste livro ser uma ótima referência, também é bom fazer mudanças positivas no seu estilo de vida para ajudar a maximizar os resultados, especialmente se você quer resultados rápidos ou queria ficar bem para uma ocasião específica. Um programa de alimentação saudável é a companhia perfeita para um estilo de vida saudável, mas lembre-se sempre de consultar um médico ou nutricionista antes de fazer mudanças na sua dieta.

Só fazer algumas escolhas mais saudáveis – cortar açúcar e gordura, comer muitas frutas frescas e vegetais e beber bastante água – já elimina toxinas e faz do corpo uma máquina mais eficiente, com os músculos respondendo melhor aos exercícios. Mas mesmo sem o esforço extra, você começará a perceber o corpo ficando mais tonificado e em forma. Só precisa seguir o Plano – 2 Semanas para atingir os resultados esperados.

Assim que tiver se acostumado, o treino se tornará natural e, esperamos, parte agradável da sua vida. Muitos estudos comprovam que se exercitar pode ser viciante devido à torrente de serotonina e dopamina – neurotransmissores responsáveis pelo sentimento de satisfação – liberada. É como comer chocolate, mas sem a culpa!

Os exercícios

Os exercícios deste livro foram escolhidos para ajudar você a se tonificar por inteiro e ter resultados equilibrados. Eles estão divididos em 5 seções diferentes, cada uma visando uma parte específica do corpo. Se

você der uma folheada, vai encontrar seções específicas para pernas, glúteos, abdômen e braços, além de uma combinando costas e peito. Algumas partes do corpo, como glúteos e quadril, são mais complicadas de tonificar, por isso há mais páginas dedicadas e elas. Todos os exercícios são explicados passo a passo e em linguagem simples para que você saiba exatamente quais músculos está utilizando e onde deve sentir o resultado, porque, afinal, nem todo mundo é *expert* em *fitness*.

Alguns exercícios trabalham os músculos do núcleo, a parte mais profunda do tronco. Isso ajuda na estabilidade destes músculos, o que previne lesões e melhora a postura.

Exercícios que trabalham a estabilidade do núcleo, como o Super-homem (p. 15), exigem que você enrijeça o abdômen. Isso pode ser feito puxando a barriga para dentro, perto da coluna, tomando cuidado para não prender a respiração. Fazer isso automaticamente corrige a postura e cria a posição perfeita para começar a se exercitar. Antes de começar, é bom consultar um médico, especialmente se você estiver grávida ou tiver dores nas costas, para eliminar qualquer dúvida.

INTRODUÇÃO

A maior parte dos exercícios deste livro é bem fácil. Se você achar algum deles muito difícil, pare imediatamente e consulte um especialista. O mais importante é se lembrar de que é bom se limitar à sua área de conforto, ao invés de se forçar demais. É fundamental também se lembrar de que, mesmo que um exercício exija que estique os braços ou pernas, você não deve travar os cotovelos e joelhos para evitar lesões.

A prática faz a perfeição

Antes de começar seu Plano – 2 Semanas tire um tempo para se familiarizar com os exercícios. Gaste algumas horas estudando as posições para se certificar de que está fazendo corretamente. Pratique cada exercício algumas vezes para que fique claro como cada um deve ser. É bom adquirir o hábito de ter um relógio por perto para medir quanto tempo cada exercício leva. O objetivo é fazer cada um deles em 30 segundos. Normalmente, para fazer com que o exercício dure, é preciso fazer algumas repetições (ou "reps", o termo que utilizaremos neste livro). Damos a indicação de quantas reps precisam ser feitas, mas você pode seguir seu próprio ritmo desde que complete os seis minutos sem parar por mais de alguns segundos por vez.

Você não deve sentir dor alguma durante os exercícios. Se sentir, ou se o exercício foi incômodo, pare a atividade e consulte um médico.

Aquecendo

Para evitar lesões e fazer com que o corpo seja mais receptivo ao exercício, incluímos um plano de aquecimento de um minuto no início do livro. Certifique-se de sempre começar com o aquecimento antes de prosseguir para os 6 Minutos.

Se você checar o esquema do Plano – 2 Semanas (p. 44), verá claramente como incluir o aquecimento e os exercícios no tempo certo. Facilitamos para que você possa visualizar o que fazer em cada dia. Combinar os exercícios de cada seção ajudará a trabalhar o corpo todo com mesmo objetivo, ao invés de privilegiar alguma área específica. Mas se quiser treinar alguma parte em especial, você pode adicionar mais exercícios daquela seção em sua rotina.

O que você precisa

Todos os exercícios deste livro foram criados de modo que você use o mínimo possível de equipamentos. Porém, há algumas coisas básicas necessárias:

- Um par de tênis. A maioria das lojas de esportes tem uma grande variedade de modelos para você escolher o que seja melhor.
- Calças ou shorts de corrida, uma camiseta que permita que a pele respire ou regatas e um sutiã esportivo ajudarão você a se mover melhor e realizar os exercícios de forma satisfatória.
- Você pode investir em um colchonete, que pode ser encontrado em qualquer loja de produtos esportivos ou supermercados.
- Pode comprar um conjunto de pesos de mão em qualquer loja de produtos esportivos. Escolha pesos que tornem o exercício mais desafiador, mas não impossível.

2 Semanas para um corpo melhor

Quando as 2 Semanas acabarem, uma das maiores mudanças que você perceberá é o seu desempenho. Depende do quão em forma você já estava antes de começar o programa, mas, com certeza, conseguirá aumentar o número de reps nos 30 segundos estabelecidos.

Se você não tiver o costume de se exercitar, realizar os 6 Minutos todos os dias durante 2 Semanas fará bastante diferença e será possível notar grandes mudanças, como perda de peso e músculos mais firmes e tonificados.

Se tiver dificuldade para encontrar tempo para os exercícios pela manhã, aqui vão algumas dicas:

- Visualize como o seu corpo estará e como você se sentirá se seguir o plano rigorosamente. Isso o ajudará a perceber por que fazer exercícios pela manhã é essencial.
- Acertar o despertador para meia hora antes do normal – você pode dormir 10 minutos a mais e ainda terá tempo para os exercícios.
- Invista em roupas bonitas – você vai querer pular da cama só para vesti-las.
- Comece o dia com um copo de água morna e uma fatia de limão – isso ajudará a desintoxicar seu organismo.
- Ouça músicas animadas e motivadoras enquanto executa os exercícios.

Começando

Para começar, use o Plano – 2 Semanas que está no final do livro. Se quiser, pode desenvolver seu próprio plano. Recomendamos que, com exceção do aquecimento, você escolha seis dos exercícios de 30 segundos e os repita para que completem os 6 Minutos.

Você vai perceber que fizemos uma boa mistura de exercícios que trabalham partes diferentes do corpo, então, se você quiser fazer seu próprio programa, tenha isso em mente. Tudo o que você precisa é estar motivado, pronto, e se mexer!

AQUECIMENTO

Antes de fazer qualquer tipo de exercício, é importante gastar algum tempo se aquecendo para que os músculos estejam prontos para o trabalho. O aquecimento não apenas previne distensões como também faz com que você tenha uma performance melhor, o que leva a melhores resultados.

A melhor maneira de se aquecer é escolher três dos exercícios seguintes e fazê-los durante 20 segundos cada em baixa intensidade. Eles são perfeitos para serem feitos em baixa intensidade porque trabalham grandes grupos de músculos.

Escolha dentre os seguintes:

Agachamento *(p. 12)*
Investida com passo para trás *(p. 16)*
Investida *(p. 19)*
Toque no chão com perna esticada *(p. 21)*
Agachamento lateral *(p. 22)*
Stepping *(p. 23)*
Prancha *(p. 25)*
Flexões *(p. 30)*
Complexo moy *(p. 37)*
Puxão na maçaneta *(p. 39)*

Após escolher os três exercícios, faça-os lentamente e de maneira controlada por 20 segundos cada. Devem ser feitos de 5 a 8 reps cada um.

Não se apresse. O aquecimento existe para esquentar os músculos e prepará-los para o exercício.

Tente trocar a sequência de exercícios no aquecimento a cada dia, para que a rotina não fique repetitiva.

Depois de completar o aquecimento, pegue seu Plano e comece o ciclo de exercícios.

PERNAS

Agachamento

O agachamento é um dos exercícios mais eficientes para pernas e glúteos, incluindo os tendões da parte de trás das pernas. Além disso, é um ótimo jeito de fortalecer a parte inferior do corpo. É um exercício fácil e de resultado.

1 Fique em pé, com os pés alinhados ao quadril. Se precisar, coloque as mãos na cintura ou apoie-se numa cadeira.

2 Olhe para frente e conte até 3 enquanto dobra os joelhos e coloca os glúteos para trás, até sentir os músculos de trás das coxas e nádegas trabalhando. Quanto mais você agachar, mais trabalho para dá aos músculos, mas certifique-se de estar com os pés tocando totalmente o chão o tempo todo. Mantenha as costas retas e a coluna em linha com cabeça e o pescoço.

3 Volte à posição inicial contando até 3 enquanto sobe e se prepara para repetir.

Número de reps: por volta de 10.

2

FIQUE ATENTO

Certifique-se de estar com os pés tocando totalmente o chão. Não os levante quando dobrar os joelhos.

Rotações com o quadril deitado

Este exercício tonifica e fortifica os músculos dos quadris, portanto ajuda a acabar com as famigeradas gordurinhas atrás das coxas. Comprimir as nádegas junto da rotação faz com que elas trabalhem também.

1 Deite-se de lado e dobre o joelho esquerdo formando um ângulo de 45 graus com o corpo.

2 Levante e apoie a parte de cima do corpo com a mão e o braço esquerdo — é uma posição confortável. Coloque a mão direita no chão à sua frente para fazer um apoio adicional.

3 Contraia as nádegas e levante a perna direita o máximo que puder, mantendo o pé flexionado.

FIQUE ATENTO

Tente elevar a perna o mais alto possível sem tensionar demais — fica mais fácil com prática.

3

4 Abaixe lentamente a perna à sua frente, em direção ao chão, até que forme um ângulo com o corpo. Deixe a perna o mais esticada que puder, mas sem travar o joelho.

5 Leve a perna direita de volta à posição inicial, um pouco acima do chão.

Número de reps: faça 3 reps de um lado, faça o movimento inverso e passe para a outra perna.

4

Levantamento para panturrilha

A panturrilha é uma área difícil de trabalhar, por mais que estudos tenham mostrado que andar de salto alto os tonifique. Para ter panturrilhas *sexys* e bem definidas, recomendamos que faça este exercício:

2

1 Fique em pé, com os pés próximos à borda de um objeto elevado, como um degrau ou uma pilha de livros. Coloque o pé na beirada de modo que seu calcanhar não toque o chão.

2 Apoie-se na parede ou numa cadeira e tire a perna esquerda do chão, dobrando o joelho. Deixe o calcanhar descer lentamente, até sentir a panturrilha esticando. Deixe as costas retas, a cabeça levantada e a perna direita esticada.

3 Eleve-se com os dedos dos pés o mais alto que puder e pare por um segundo enquanto estica a panturrilha.

4 Volte à posição inicial com cuidado e repita com a perna esquerda.

Número de reps: por volta de 10 com cada pé.

FIQUE ATENTO

Controle cuidadosamente o movimento para evitar que escorregue. Se isso significar que você fará menos de 10 reps em cada pé, não tem problema.

Super-homem

Você precisará de um bom equilíbrio para fazer este exercício, portanto, se não der certo na primeira vez, seja paciente. Ele é ótimo para melhorar a estabilidade do núcleo e a durabilidade das juntas, assim como os músculos mais internos das coxas.

1 Posicione-se com as mãos e joelhos tocando o chão.

2 Contraia o abdômen. Estique o braço direito para frente e a perna esquerda para trás, mantendo-os estendidos, mas sem travar o joelho e o cotovelo. Enrijeça abdômen para evitar que as costas arqueiem – isso reduz o risco de lesões. Você sentirá os músculos da coxa trabalhando. Para aumentar os resultados, tente esticar o pé – isso tensionará mais os músculos. Mantenha a cabeça e o pescoço alinhados às costas.

3 Volte lentamente à posição inicial e repita com a outra perna.

Número de reps: iniciantes devem manter a posição por 12 segundos, mas, se for confortável, tente mover o braço e a perna para dentro e para fora para melhores resultados.

FIQUE ATENTO

Faça este exercício num colchonete ou carpete para não machucar os joelhos.

PERNAS

Investida com passo para trás

Este exercício ajudará a tonificar o quadríceps, parte da frente das coxas, e dar um visual saudável e atlético.

1 Fique em pé, com os pés alinhados ao quadril e as mãos na cintura.

2 Mantenha o pé direito firme no chão e dê um passo para trás com a perna esquerda, dobrando o joelho até que esteja a uns 15 cm do chão. Você deve estar se apoiando na parte da frente do pé esquerdo e sentirá os músculos da coxa esquerda trabalhando.

3 Volte à posição inicial e repita com a outra perna.

Número de reps: tente fazer umas 3 reps por perna ou mais, se for confortável.

FIQUE ATENTO

Olhe para trás e certifique-se de que tem espaço suficiente para dar o passo. Se quiser aumentar a dificuldade, use pesos durante o exercício.

Chute lateral

O chute lateral é um exercício dinâmico que aumenta a frequência cardíaca e queima calorias. É ótimo para tonificar os quadríceps e para a cintura também.

1 Fique em pé, com os pés alinhados ao quadril. Traga as mãos ao peito e feche-as sem apertar muito, mantenha os cotovelos dobrados ao lado do corpo para ajudar no equilíbrio.

2 Eleve a perna direita do chão e chute para o lado num movimento ligeiro e controlado. Tome cuidado para não bater a perna.

3 Traga a perna de volta à posição inicial e repita o movimento por 30 segundos.

4 Repita o processo com a perna esquerda.

Número de reps: por volta de 10 em cada perna.

1

2

FIQUE ATENTO

Tome cuidado para não usar muita força para jogar a perna para o lado, pois pode acabar distendendo um músculo ou machucando o joelho.

GLÚTEOS

Elevação de perna para trás

Este exercício ajudará a fortalecer e tonificar os dois glúteos máximos (os dois maiores músculos das nádegas) e também a região lombar.

1 Deite-se de bruços, com a testa apoiada nos braços. Certifique-se de que a coluna esteja alinhada ao pescoço.

2 Comprima os glúteos – isso fará com que seja mais efetivo. Enrijeça o abdômen e eleve sutilmente a perna direita até sentir os músculos trabalhando nas nádegas. Mantenha a perna esticada e o joelho levemente flexionado. Não deve haver dor alguma na região lombar.

3 Abaixe a perna direita de volta à posição inicial, repita o movimento com a esquerda, depois com a direita novamente, e assim por diante até completar 30 segundos.

Número de reps: o objetivo é completar cerca de 10. Você pode fazer cinco conjuntos de seis com uma leve pausa entre eles, se preferir.

FIQUE ATENTO

Não levante demais a perna ou vai curvar as costas e estressar demais os músculos.

Investida

Esta é diferente da investida com passo para trás, que trabalha os músculos da perna, pois passar o peso do núcleo do corpo para frente significa que os músculos glúteos aguentarão a maior parte da carga. Investidas são ótimas para fortalecer e tonificar os músculos e um dos exercícios preferidos dos *personal trainers*.

1 Fique em pé, com os pés alinhados ao quadril. Apoie as mãos na cintura ou deixe-as ao lado do corpo.

2 Dê um passo para frente com a perna direita, dobrando o joelho de modo que a coxa esteja num ângulo quase reto com o chão. Seu pé direito deve estar tocando completamente o solo. A perna esquerda deve estar dobrada e o pé esquerdo apoiado sem o calcanhar logo atrás de você.

3 Mantenha a posição por um segundo e coloque a força no pé direito para voltar à posição inicial.

4 Repita o movimento alternado as pernas até completar 30 segundos.

Número de reps: cerca de 10 investidas (cinco de cada lado).

2

FIQUE ATENTO

Não apresse a investida ou desça muito, pois pode bater o joelho no não. Respeite seu próprio ritmo.

GLÚTEOS

Guindaste

Este exercício é como o super-homem, mas em pé. É ótimo para trabalhar glúteos, tendões e região lombar, mas requer bastante equilíbrio. Portanto, vá devagar para conseguir melhores resultados.

1 Apoie-se na perna esquerda e tome alguns segundos para se equilibrar.

2 Estique o braço esquerdo para frente e a perna direita para trás. Tente manter a perna direita o mais esticada possível, mas sem travar o joelho.

3 Estique-se e incline-se para frente com a cintura para que o braço desça em direção ao chão.

4 Volte à posição inicial, elevando-se lentamente com a cintura.

5 Repita o movimento alternando os braços e as pernas.

2

3

Número de reps: 4 ou mais, se for confortável.

FIQUE ATENTO

Este exercício é indicado para qualquer pessoa. Apenas concentre-se e vá devagar para não perder o equilíbrio.

Toque no chão com perna esticada

Este exercício exige certa habilidade e equilíbrio, mas os resultados valem a pena. Esticar-se para tocar os dedos dos pés a partir de uma posição ereta trabalhará todos os músculos de suporte nas nádegas e coxas e ajudará a desenvolver a estabilidade do núcleo. É parecido com o guindaste, mas você se curvará com a cintura.

1 Fique em pé, com os pés alinhados ao quadril. Apoie as mãos na cintura ou deixe-as ao lado do corpo. Tire a perna direita do chão e tome alguns segundos para se equilibrar. Apoie-se nas pontas dos dedos dos pés se estiver se desequilibrando.

2 Abaixe e tente tocar os dedos do pé esquerdo com a mão esquerda. Certifique-se de que a perna esquerda esteja esticada, mas sem travar o joelho.

3 Ao mesmo tempo, estenda a perna direita para trás (sem travar o joelho) e levante o braço direito para se equilibrar. Se não conseguir tocar os dedos do pé, deixe a mão no ar, mas o mais baixo que puder.

4 Volte lentamente à posição inicial e repita com a outra perna.

Número de reps: mantenha a posição por 10 segundos e repita com a outra perna.

GLÚTEOS

Agachamento lateral

Este exercício é um clássico das aulas de aeróbica da década de 1980, tão eficaz que continua sendo utilizado em muitos dos treinos de *fitness*. Agachar para o lado visa atingir todos os músculos na parte interna da coxa e das nádegas para ajudar a delinear uma bela visão traseira.

1 Fique em pé, com os pés alinhados ao quadril, tocando completamente o chão e um pouco virados para fora. Apoie as mãos na cintura.

2 Dê um passo para o lado e dobre o joelho direito, abaixando alguns centímetros em direção ao chão. Deixe o peso do corpo todo recair sobre a perna direita. Mantenha os pés firmes no chão o tempo todo.

3 Levante-se usando o pé direito e volte à posição inicial.

4 Repita o movimento com a perna esquerda e alterne até completar 30 segundos.

Número de reps: cerca de 10 em cada perna.

1

2

FIQUE ATENTO
Fazer um aquecimento completo ajudará a evitar lesões na virilha durante este exercício.

Stepping

Este é um ótimo exercício para quem gosta de sentir as calorias "queimando". Subir num degrau força os glúteos a se comprimir, ajudando a criar um bumbum empinado.

1 Fique em pé, na frente de um degrau ou uma pilha de livros. Apoie as mãos na cintura.

2 Pise o degrau com o pé esquerdo e, em seguida, com o pé direito.

3 Desça do degrau com o pé esquerdo e, em seguida, com o pé direito.

4 Repita o movimento, começando com a perna direita.

Número de reps: 15 ou mais durante 30 segundos.

FIQUE ATENTO

Se você preferir calçar algo, use tênis esportivos ao invés de meias para que não corra o risco de escorregar do degrau. E também não tenha pressa.

ABDÔMEN

Curva invertida

Este exercício é ótimo para trabalhar os músculos do abdômen. Você deve senti-los funcionando por toda a barriga – quanto mais se concentrar, melhores serão os resultados.

FIQUE ATENTO

Deite-se num carpete macio ou num colchonete para evitar machucados na coluna. Se for iniciante, existe uma versão mais fácil do exercício, na qual você usa os músculos do abdômen para trazer os joelhos mais para perto do peito e não tanto para cima.

1 Deite-se no chão, com a região lombar tocando o chão, e não arqueada para cima. O jeito mais fácil de fazer isso é enrijecendo o abdômen.

2 Traga os joelhos em direção ao peito, cruzando os pés nos tornozelos. Coloque as mãos no chão como apoio.

3 Com um movimento controlado, use os músculos do abdômen para levantar os glúteos e a lombar do chão. Tente deixar os pés retos e apontando para o teto. Não precisa ir muito, apenas o suficiente para sentir o trabalho dos músculos.

4 Conte até 2 enquanto sobe e também quando descer.

5 Volte à posição inicial.

Número de reps: por volta de 7 em 30 segundos.

Prancha

Pode não parecer muito complicado, mas se for feito corretamente, este é um dos exercícios mais intensos deste livro, e extremamente eficaz para tonificar os músculos abdominais. Muitas pessoas, especialmente os iniciantes, acham difícil mantê-lo por muito tempo, então veja como você se sai. Tente completar 30 segundos ao fim das duas semanas.

1 Deite-se de bruços, com a testa apoiada nas mãos.

2 Com os cotovelos dobrados, arraste as mãos pelo chão, virando-as a partir dos ombros até chegar à posição perfeita da flexão, com cada uma das mãos de um lado do peito.

3 Dobre os dedos dos pés para baixo e levante-se do chão com as mãos. Não trave os cotovelos e mantenha o pescoço e a cabeça relaxados, alinhados à coluna.

4 Mantenha a posição por 10 segundos e abaixe-se de volta lentamente. Lembre-se de respirar durante o exercício.

Número de reps: comece com três conjuntos de 10 segundos e tente ir aumentando até chegar a 30 ao fim das duas semanas.

FIQUE ATENTO

Este exercício pode ser difícil, então não exagere. É possível que você consiga manter a posição por apenas cinco segundos na primeira vez. Não desista!

2

3

ABDÔMEN

2

Contraindo o abdômen

Este exercício é uma alternativa natural ao uso de um espartilho. Ele trabalha os músculos mais profundos da barriga – os transversos abdominais – para ajudar a deixá-la mais reta e definir a musculatura. Parra deixar sua barriga retinha, é o início perfeito.

1 Fique em pé, com os pés alinhados ao quadril e as mãos ao lado do corpo.

2 Contraia os músculos abdominais puxando-os em direção à coluna, mas não prenda a respiração. Se você colocar a mão na barriga, deve sentir os músculos endurecendo – o que significa que está funcionando. Para melhores resultados, concentre-se no que está fazendo e em como se sente.

3 Solte lentamente e prepare-se para fazer de novo.

Número de reps: 3 vezes de 10 segundos cada.

FIQUE ATENTO

Este exercício pode ser feito sentando-se numa cadeira.

Rotação da cintura

Certifique-se de que tem espaço para balançar os braços sem bater em nada. Este é um exercício divertido e que realmente trabalha os oblíquos (músculos nas laterais da cintura) para definir uma silhueta curvilínea.

1 Fique em pé, com os pés alinhados ao quadril, mãos ao lado do corpo e joelhos levemente dobrados.

2 Abra os braços para frente e feche as mãos (mas sem forçar muito).

3 Balance os braços de um lado para o outro, prestando atenção para não tirar os pés do chão e manter a cintura para frente. Comece devagar a vá acelerando, controlando o movimento e deixando a cintura parada.

4 Ao final dos 30 segundos, baixe os braços e volte à posição inicial.

Número de reps: Faça quantas puder em 30 segundos.

3

FIQUE ATENTO

Não se distraia enquanto balançar os braços ou pode acabar distendendo algum músculo. Se for preciso, faça lentamente para controlar o movimento.

ABDÔMEN

Abdominais

Este é um exercício intenso para os músculos da barriga e um ótimo meio de obter o efeito tanquinho.

1 Deite-se no chão, com os pés alinhados ao quadril e os joelhos dobrados. Certifique-se de que a lombar está tocando o chão. Coloque as mãos atrás da cabeça para apoio.

2 Enrijeça os músculos do abdômen e levante a parte de cima do tronco o máximo que puder, mas sem arquear as costas. Pode parecer que você não está subindo muito, mas o esforço do movimento é o que conta. Então, certifique-se de estar se esforçando e subindo o máximo possível e de modo confortável. Com a prática, você será capaz até de se sentar.

3 Quando não puder mais seguir em frente, pare por um segundo e desça lentamente para repetir tudo.

Número de reps: tente fazer quantos conjuntos de 5 puder, com uma descansada rápida entre eles. Ao fim das duas semanas, você deve tentar fazer o exercício continuamente durante 30 segundos.

FIQUE ATENTO

Não use o pescoço para se projetar para cima ou sentirá dores no dia seguinte. Apoiar as mãos na cabeça ajuda a evitar isso, mas não use as mãos para se levantar — deixe que os músculos do abdômen façam todo o esforço.

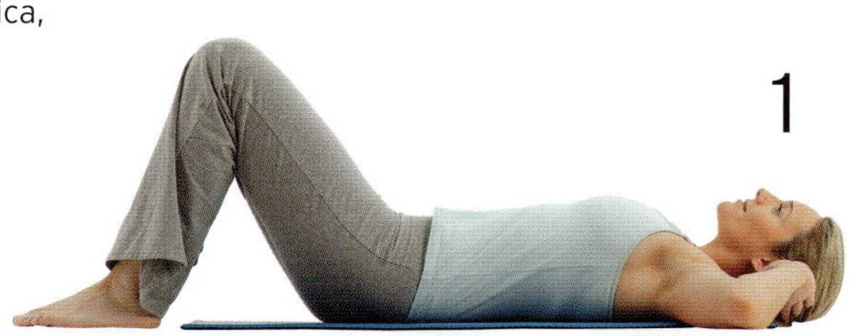

1

3

Bicicleta

Este exercício é similar aos abdominais, mas cruzando os cotovelos em direção ao joelho do lado oposto para trabalhar os oblíquos nas laterais da cintura. Isso diminui e define a barriga.

1 Deite-se no chão com os joelhos cobrados e os pés tocando completamente o solo.

2 Apoie as mãos atrás da cabeça e, usando os músculos abdominais, levante a parte superior do tronco do chão, mas sem mover a lombar.

3 Levante o pé direito do chão e traga o joelho para perto do peito.

4 Vá para frente e vire a cintura para levar o cotovelo esquerdo em direção ao joelho direito. Não é necessário que eles se toquem.

5 Pare por 1 segundo e volte à posição inicial. Repita o movimento invertendo os joelhos e cotovelos.

6 Continue o exercício alternando os lados durante 30 segundos.

Número de reps: faça quantas puder durante 30 segundos – umas 12. Se precisar, faça breves pausas entre conjuntos de 6.

FIQUE ATENTO

Certifique-se de que a cabeça e o pescoço estejam alinhados à coluna e olhando para cima – isso diminui o risco de lesionar o pescoço.

3

4

BRAÇOS

Flexões

Este é um exercício global para a tonificação dos músculos maiores dos braços. É ótimo para desenvolver força na parte superior do corpo e ficar com aquele formato de pera.

1 Deite-se de bruços, com a testa apoiada nas mãos. Arraste as mãos pelo chão, virando-as a partir dos ombros até chegar à posição perfeita da flexão, com cada uma das mãos de um lado do peito.

FIQUE ATENTO

Enrijecer o abdômen vai ajudar a manter as costas retas e reduzir os riscos de lesão. Quando as flexões se tornarem mais fáceis, estenda as pernas totalmente para atrás de você e apoie nos dedos em vez dos joelhos enquanto empurra para cima.

2 Use as mãos para levantar a parte de cima do corpo e aproxime um pouco os joelhos do peito para que eles fiquem apoiados no chão, aguentando a maior parte do peso. Cruze os pés nos tornozelos e levante-os do chão. Isso fará com que o peso volte a ficar apoiado nos braços.

3 Dobre os cotovelos e abaixe lentamente o corpo, mantendo a cabeça na altura dos ombros e alinhada à coluna. Então, empurre o chão com as mãos, levantando a parte superior do corpo. Tente esticar os braços, mas sem travar os cotovelos. Repita o movimento.

Número de reps: 2 conjuntos de 10 durante 30 segundos.

2

3

Curva com os bíceps

Os bíceps são os músculos da parte da frente os braços. Eles são relativamente fáceis de tonificar, então, praticar este exercício lhe dará braços dignos de serem exibidos.

1 Fique em pé, com os pés alinhados ao quadril e joelhos levemente flexionados.

2 Estenda os braços para frente, com as palmas para cima, segurando um peso em cada mão.

3 Dobre os cotovelos e levante as mãos até formar ângulos retos.

4 Inverta o movimento trazendo as mãos para frente. Mantenha os cotovelos flexionados o tempo todo.

5 Repita o movimento até completar 30 segundos.

Número de reps: faça quantas puder durante 30 segundos, mas sem pressa.

FIQUE ATENTO

Leia as dicas sobre pesos de mão na introdução deste livro para escolher os pesos perfeitos para você.

BRAÇOS

Extensão de tríceps

Os tríceps são os músculos da parte de trás dos braços. Quando não são trabalhados, ficam flácidos. É um músculo difícil de exercitar, mas este exercício ajudará a deixa-lo bem firme.

1 Fique em pé, com os pés alinhados ao quadril. Pegue um objeto pesado com as duas mãos — algo com que você possa trabalhar confortavelmente, como um peso de mão ou um livro pesado.

2 Eleve o objeto acima da cabeça, com os braços esticados.

3 Dobre os cotovelos e abaixe o objeto lentamente entre as omoplatas.

4 Inverta o movimento esticando os braços e elevando novamente o objeto acima da cabeça.

5 Repita os passos 3 e 4 lentamente, controlando o movimento.

Número de reps: umas 7 em 30 segundos.

FIQUE ATENTO

Escolha um peso que seja desafiador, mas não pesado a ponto de você não conseguir controlar — você não vai querer que algo caia em sua cabeça.

Imersão da cadeira

Este exercício, além de trabalhar o tríceps, ajudará a melhorar a estabilidade do núcleo e tonificar a barriga. É especialmente bom para os braços por utilizar o peso do corpo para deixá-los mais fortes e tonificados.

1 Sente-se numa cadeira, com as mãos ao lado dos glúteos e usando-as para segurar a beirada.

2 Coloque-se para fora da cadeira o máximo que puder, até que as nádegas não estejam mais tocando a cadeira.

3 Com os braços sustentando o peso do corpo, dobre os cotovelos e joelhos para descer lentamente o tronco, mas sem chegar a tocar o solo, fique apenas um pouco acima do chão. Certifique-se de que esteja distribuindo bem o peso para a cadeira não escorregar.

4 Estique os braços para elevar o corpo. Repita os passos 3 e 4.

Número de reps: umas 6.

FIQUE ATENTO

Mantenha os antebraços na posição vertical o tempo todo — isso ajuda a evitar o esforço dos ombros.

BRAÇOS

Tríceps coice

Este é outro ótimo exercício para acabar com os braços flácidos e tonificar os tríceps na parte de trás dos braços. Quando fizer este exercício, certifique-se de que o braço esteja estendido para trás, sem desviar para o lado.

1

2

1 Apoie-se numa cadeira com a mão e o joelho direito no assento. Mantenha a perna esquerda esticada, com o joelho levemente flexionado, e segure um peso com a outra mão.

2 Dobre o cotovelo esquerdo para trás, eleve a mão esquerda à altura do ombro e mova a mão para cima até que o braço esteja totalmente esticado atrás de você. Faça o movimento de modo lento e controlado.

3 Dobre o cotovelo e leve o peso de volta à posição inicial, alinhado com o ombro.

4 Repita por umas 12 vezes e troque de lado.

Número de reps: 10-12 em cada braço.

FIQUE ATENTO

Tome cuidado para não balançar o braço. Os resultados serão melhores se o movimento for lento e controlado.

Círculos aéreos

Este exercício é muito bom para a tonificação generalizada dos braços e ombros. Usar pesos também ajuda a desenvolver a força dos braços e ombros para que você fique com um ótimo visual quando usar regatas.

1 Fique em pé, com os pés alinhados ao quadril, joelhos levemente flexionados e braços ao lado do corpo.

2 Com um peso em cada mão, eleve-os e cruze-os acima da cabeça, alinhando cada um a um lado do quadril. Volte à posição inicial.

3 Pare por um segundo e repita o movimento na direção oposta.

Número de reps: por volta de 15 em 30 segundos.

FIQUE ATENTO

Mantenha os braços estendidos durante o movimento para trabalhar o máximo possível de músculos, mas lembre-se de não travar os cotovelos.

2

2

2

PEITO E COSTAS

Levantamento reverso

Este é um ótimo exercício para fortalecer a lombar. Adicionando rotações aos braços, você conseguirá tonificação em dobro para os ombros.

1 Deite-se de bruços, com a testa apoiada nas mãos.

2 Comprima os glúteos e use os músculos do abdômen para elevar o peito do chão o quanto for confortável.

3 Junte as omoplatas girando os braços a partir dos ombros, com as palmas para baixo e os antebraços na altura do peito. Isso dará trabalho para os ombros também.

4 Volte os braços à posição inicial e abaixe o peito. Repita o movimento.

Número de reps:
15 ou mais durante
30 segundos.

FIQUE ATENTO

Não tente elevar demais o peito ou forçará a lombar a arquear e estressará os músculos. Eleve apenas o quanto for confortável.

Complexo moy

Este exercício "remar, virar e prender" é um bom jeito de tonificar os músculos das costas sem ter que usar as máquinas da academia.

1 Sente-se na beirada de uma cadeira com um peso em cada mão.

2 Curve-se com a cintura até apoiar o peito nas coxas. Certifique-se de que a cabeça e o pescoço estão relaxados, de modo que você olhe para o chão.

3 Comece com as mãos descansando no chão, então dobre os braços e eleve-os à altura dos ombros.

4 Vire os punhos para que eles fiquem paralelos ao chão.

5 Refaça os movimentos até voltar ao passo 2 e repita.

Número de reps: por volta de 15 durante 30 segundos.

FIQUE ATENTO

Lembre-se de relaxar a cabeça e o pescoço e deixá-los alinhados com a coluna para não forçar os músculos.

PEITO E COSTAS

Remada com peso

Fazer este exercício é como dar partida num cortador de grama. Ele foca os músculos do meio das costas, como o trapézio. Então, se praticá-lo religiosamente, deixará as costas mais atraentes.

2

1 Apoie o joelho e a mão direita no assento de uma cadeira, como no exercício para os tríceps.

2 Segurando um peso com a mão esquerda, puxe-a em direção ao quadril.

3 Estenda o braço de modo diagonal para frente, em direção ao chão.

4 Traga o peso para o quadril novamente e repita o movimento.

Número de reps: 10-12 com um braço e completar 30 segundos com o outro.

3

FIQUE ATENTO

Você deve fazer este exercício com um lado de cada vez se tiver dores nas costas. Se quiser trabalha os dois lados ao mesmo tempo, esqueça a cadeira e faça o exercício agachado.

Puxão na maçaneta

Pode parecer estranho, mas este é um exercício perfeito para se fazer em casa. Inclinar-se para trás, com a resistência oferecida pela toalha apoiada na maçaneta dá um belo trabalho para os músculos das costas.

1 Abra uma porta e enrole uma toalha de rosto nas maçanetas.

2 Certifique-se de que é seguro e agache-se, segurando uma ponta da toalha com cada mão. Você de estar inclinado para trás a partir da cintura, compensando o espaço da toalha e sentindo os músculos das costas trabalhando.

3 Segure-se por alguns segundos e volte à posição inicial puxando a toalha. Repita o movimento.

Número de reps: tente fazer 20 durante 30 segundos.

FIQUE ATENTO

Não apresse o exercício. A resistência será muito maior se o fizer de maneira lenta e cuidadosa, ao invés de tentar colocar o máximo possível de reps em 30 segundos.

3

PEITO E COSTAS

Flexões na parede

Este exercício é como as flexões, mas é feito em pé. É ótimo para tonificar os músculos do peito, especialmente os peitorais, logo abaixo do busto. Se as mulheres dominarem este exercício, terão seios empinados sem precisar de cirurgia.

FIQUE ATENTO
Ponha esforço de verdade ao empurrar a parede – isso trabalhará os braços e o peito.

1 Fique em pé, com os pés afastados em 60 cm da parede, alinhados ao quadril e pernas retas. Certifique-se de que os joelhos não estejam travados.

2 Incline-se para frente e coloque as palmas das mãos na parede.

3 Dobre os cotovelos e aproxime o peito da parede.

4 Contraia os músculos do peito e use-os para se afastar da parede e voltar à posição inicial.

Número de reps: por volta de 15 durante 30 segundos.

3

Prece

Este é ótimo para tonificar os peitorais. Como no exercício anterior, tonificar estes músculos trará um busto com visual mais jovem.

1 Em pé ou sentando, pressione as palmas das mãos juntas à altura dos ombros e estendendo os cotovelos para os lados.

2 Mantenha a posição por 10 segundos, pressionando as palmas com força até onde for confortável. Descanse por um segundo e repita.

Número de reps: tente manter a posição por 10 segundos antes de descansar e começar de novo. Ao fim das duas semanas, você deve tentar mantê-la durante 30 segundos.

FIQUE ATENTO

Muitas pessoas acabam estalando as juntas quando as pressionam, então comece lentamente pelas palmas e aumente a pressão gradualmente. Fazer o exercício deste modo evita cãibras.

1

PEITO E COSTAS

Voo

Os pesos utilizados neste exercício darão aos músculos do peito um belo incentivo na tonificação e ajudarão a aumentar a força dos braços também. É um ótimo treino global para a parte superior do corpo.

1 Deite-se de costas com um peso em cada mão. Dobre os joelhos e toque o chão com os pés completamente.

2 Abra os dois braços em ângulo reto com o corpo, formando uma cruz.

3 Mantendo os braços retos (sem travar os cotovelos), levante-os lentamente acima da cabeça até que as mãos se encontrem.

4 Pare por um segundo e abaixe os braços lentamente à posição inicial. Repita.

Número de reps: tente fazer 3 reps, com pausas de alguns segundos entre elas, durante 30 segundos.

FIQUE ATENTO

Certifique-se de que os braços não estejam dobrados durante o exercício.

4

3

Supino

Este exercício é ótimo para tonificar os músculos do peito e ao redor da clavícula e dar um visual mais esguio.

1 Deite-se de costas, com os joelhos dobrados, pés tocando completamente o solo e segurando um peso em cada mão.

2 Dobre os cotovelos e deixe as mãos próximas às axilas, logo acima dos ombros.

3 Estenda os braços para cima, num ângulo reto com o corpo e com as palmas apontadas para o lado contrário ao seu.

4 Enrijeça os músculos abdominais e puxe o queixo para perto do peito.

5 Volte o queixo e dobre os cotovelos, trazendo as mãos de volta à posição inicial. Pare por um segundo e repita.

Número de reps: aproximadamente 15.

FIQUE ATENTO

Estenda os braços com os ombros para atingir melhores resultados. Certifique-se de que a lombar esteja no chão o tempo todo.

2

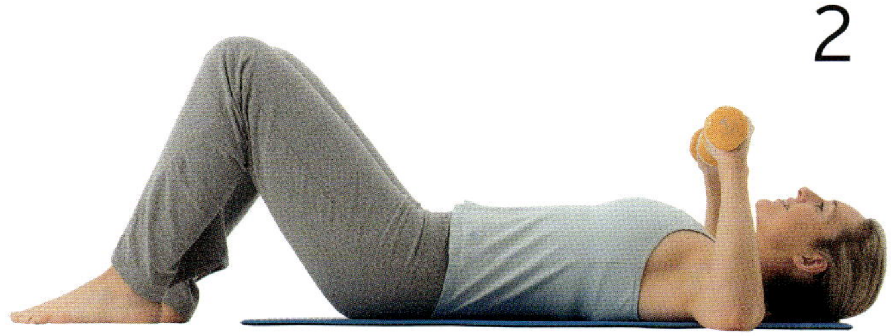

3

PLANO – 2 SEMANAS

Plano – 2 Semanas é um exemplo de como estruturar a rotina de exercícios. Escolhemos aqueles que visam os maiores grupos musculares para que você tenha um treino geral.

A cada manhã, você deve começar com um breve aquecimento. Escolhemos 6 exercícios diferentes para cada dia criando um ciclo de 3 minutos, que deve ser feito duas vezes para totalizar 6 Minutos.

Você pode desenvolver seu próprio plano, se quiser. Faça uma boa mistura de exercícios. Mas, se você tiver como objetivo perder peso além de tonificar, lembre-se de que exercícios feitos em pé queimam mais calorias que os outros. Além disso, qualquer exercício que foque nas pernas causará um gasto maior de calorias. Somente você sabe as áreas de maior problema no seu corpo, então inclua exercícios extras visando essas áreas em particular.

Recomendamos que você inicie com o nosso plano e monitore os resultados. Se escolher fazer o Plano – 2 Semanas em algum momento, este é o momento de fazer suas mudanças. Agora, vamos começar!

Dia 1

Agachamento **p. 12**
Chute lateral **p. 17**
Elevação de perna para trás **p. 18**
Curva reversa **p. 24**
Flexões **p. 30**
Levantamento reverso **p. 36**

Dia 2

Rotações com o quadril deitado **p. 13**
Investida **p. 19**
Stepping **p. 23**
Prancha **p. 25**
Curva com o bíceps **p. 31**
Complexo moy **p. 37**

Dia 3

Levantamento de panturrilha em pé **p. 14**

Guindaste **p. 20**

Contraindo o abdômen **p. 26**

Bicicleta **p. 29**

Extensão de tríceps **p. 32**

Remada com peso **p. 38**

Dia 4

Super-homen **p. 15**

Toque o chão com a perna esticada **p. 21**

Rotação com a cintura **p. 27**

Imersão da cadeira **p. 33**

Círculos aéreos **p. 35**

Puxão na maçaneta **p. 39**

Dia 5

Investida com passo para trás **p. 16**

Agachamento lateral **p. 22**

Abdominais **p. 28**

Tríceps para trás **p. 4**

Flexão na parede **p. 40**

Supino **p. 43**

Dia 6

Investida com passo para trás **p. 16**

Chute lateral **p. 17**

Stepping **p. 23**

Bicicleta **p. 29**

Círculos aéreos **p. 35**

Prece **p. 41**

PLANO – 2 SEMANAS

Dia 7

Agachamento **p. 12**
Levantamento de perna para trás **p. 18**
Agachamento lateral **p. 22**
Curva reversa **p. 24**
Flexões **p. 30**
Voo **p. 42**

Dia 8

Rotações com o quadril deitado **p. 18**
Investida **p. 19**
Prancha **p. 25**
Abdominais **p. 28**
Curva com o bíceps **p. 31**
Supino **p. 43**

Dia 9

Levantamento de panturrilha em pé **p. 14**
Guindaste **p. 20**
Contraindo o abdômen **p. 26**
Extensão de tríceps **p. 32**
Tríceps coice **p. 34**
Levantamento reverso **p. 36**

Dia 10

Super-homem **p. 15**
Toque o chão com a perna esticada **p. 21**
Rotação com a cintura **p. 27**
Imersão da cadeira **p. 33**
Complexo moy **p. 37**
Voo **p. 42**

Dia 11

Levantamento de panturrilha em pé **p. 14**

Investida com passo para trás **p. 16**

Agachamento lateral **p. 22**

Abdominais **p. 28**

Tríceps coice **p. 34**

Remada com peso **p. 38**

Dia 12

Investida para trás **p. 16**

Toque o chão com a perna esticada **p. 21**

Agachamento lateral **p. 22**

Abdominais **p. 28**

Tríceps coice **p. 34**

Remada com peso **p. 38**

Dia 13

Chute lateral **p. 17**

Stepping **p. 23**

Rotação com a cintura **p. 27**

Bicicleta **p. 29**

Círculos aéreos **p. 35**

Puxão na maçaneta **p. 39**

Dia 14

Agachamento **p. 12**

Levantamento de perna para trás **p. 18**

Curva invertida **p. 24**

Flexões **p. 30**

Imersão da cadeira **p. 33**

Flexões na parede **p. 40**

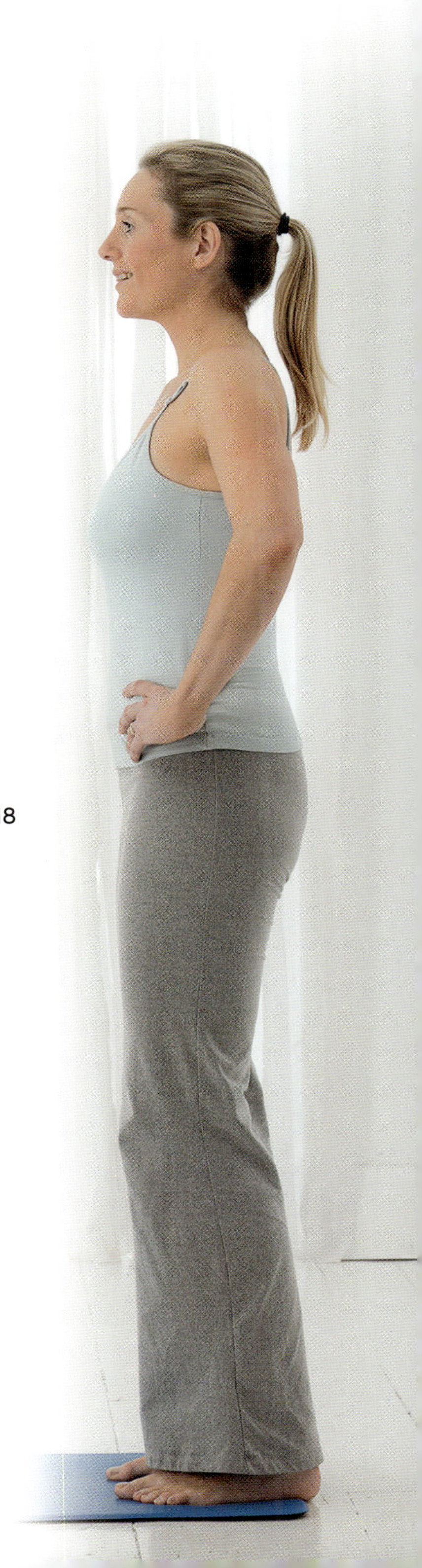

ÍNDICE REMISSIVO